AF265691

27
L n 20127.

# LETTRE

## A SON EXC. M^GR. DE VILLÈLE,

### SECRÉTAIRE D'ÉTAT, MINISTRE DES FINANCES,

# LETTRE

## A SON EXC. M<sup>GR.</sup> DE VILLÈLE;

SECRÉTAIRE D'ÉTAT, MINISTRE DES FINANCES,

SUR LES FAUSSES COMPTABILITÉS DES CRÉANCES DE L'ARRIÉRÉ liquidées, ET SUR LEUR RÉVÉLATION ;

EN RÉPONSE

A une allégation de Son Excellence énoncée à la tribune de la Chambre des députés. Séance du 18 juillet 1822.

A PARIS,

IMPRIMERIE DE MAD. JEUNEHOMMECRÉMIÈRE,
RUE DES NOYERS, N° 46.

1822.

# LETTRE

## A SON EXC. M<sup>GR.</sup> DE VILLÈLE,

SECRÉTAIRE D'ÉTAT, MINISTRE DES FINANCES.

---

MONSEIGNEUR,

VOUS avez cru devoir énoncer à la tribune de la Chambre des députés, le jeudi 18 juillet courant, un fait que vous avez jugé utile à la discussion du moment; celle des fonds demandés par Votre Excellence, dans le budget, pour faire face aux créances de l'arriéré.

Le *Journal des Débats*, qui se trouve d'accord avec les autres, a rendu compte de votre opinion dans les termes suivans :

« Vous croyez que cette publicité (l'impres-
« sion demandée des listes des créances de
« l'arriéré) encouragerait les dénonciations;
« mais, à cet égard, détrompez-vous, les
« dénonciateurs sont toujours dirigés par un
« vil calcul; on me proposa, il y a peu de
« temps, de révéler des abus énormes qui
« avaient eu lieu; je pris des mesures pour

« en profiter ; mais tout cela aboutit à une
« lettre, que je sus avoir été écrite par le dé-
« nonciateur aux personnes qu'il denonçait,
« afin de transiger avec elles. »

Vous êtes trop juste, Monseigneur, pour
trouver mauvais que l'être, que cette phrase
a désigné au mépris, réclame contre le peu
de fondement d'une telle allégation, et vous
désirez trop le bien public pour ne pas par-
donner la franchise avec laquelle je vais prouver qu'il n'est aucun des détails que vous
avez avancés qui ne repose sur une base tout-
à-fait inéxacte.

Monseigneur, j'avais d'abord l'intention
de m'adresser à la Chambre même, pour vous
fournir l'occasion d'y réparer à la tribune
le tort que vous m'y avez fait; mais la briéveté,
annoncée de la session actuelle, ne laisserait
pas à ma pétition le temps d'être connue, et
je ne veux pas ensevelir dans le silence des
cartons, la réponse à une attaque publique;
c'est là le seul motif du parti que je prends
de faire imprimer ma lettre.

Les abus énormes qui ont eu lieu dans les
liquidations des créances de l'arriéré, surtout
dans les service des fournitures dépendant
du ministère de la guerre, sont tellement
connus, qu'il n'y a, Monseigneur, que les

liquidateurs de ces mêmes créances qui puissent essayer de les révoquer en doute.

J'avais recueilli dans des conversations, avec quelques personnes expérimentées dans ces sortes de comptabilité, des observations et des rapprochemens qui offraient la certitude de prouver de la manière la plus forte, et en même temps la plus facile, ces abus.

J'ai cru utile à l'état de fixer sur ce point l'attention du gouvernement, et de proposer d'indiquer ces spéculations criminelles ; et c'est à vous même, Monseigneur, que j'en ai fait les premières ouvertures.

Avant de donner suite à ma proposition, Vous avez exigé que je fournisse des preuves matérielles d'une fausseté dont la démonstration pouvait ne résulter que d'un rapprochement de plusieurs comptabilités ; j'ai levé cette difficulté inattendue ; je me suis procuré dans les bureaux de la guerre, et j'ai présenté à Votre Excellence des pièces matériellement fausses, extraites de la comptabilité des vivres-viande.

Je ne demandais d'abord que le remboursement des frais et dépenses que les recherches à continuer devaient m'occasionner. C'est encore vous, Monseigneur, qui m'avez encouragé à profiter des décrets qui accordent en ce cas au révélateur le quart des sommes dont il procure la rentrée au gouvernement, comme étant le seul moyen de couvrir mes dépenses : vous n'avez certainement pas oublié, Monseigneur, que je vous offris, sur-le-champ, de laisser au gouvernement une partie de ce quart, pour le répartir, à titre de secours, entre des serviteurs fidèles et malheureux, auxquels la liste civile ne peut suffire ; et cependant, Monseigneur, vous avez prononcé les mots de ca cul vil : le respect me ferme la bouche.

Le 20 février dernier, une ordonnance de Sa Majesté a admis mes révélations, mais mon sexe ne me permettant pas de suivre les travaux que nécessiteraient les vérifications de ces comptabilités, cette ordonnance royale fut rendue au nom de M. le chevalier Bernard Delafosse, mon parent et mon prête-nom; Monseigneur, vous avez contre-signé cette ordonnance dont l'exécution vous a été confiée; vous avez en outre, Monseigneur, ordonné qu'aucun paiement ne fût fait aux fournisseurs signalés ; et vous m'avez alors promis tout votre appui dans une opération que vous reconnaissier devoir trouver des obstacles de la part de ceux qui avaient à craindre au moins les reproches d'une négligence impossible à justifier.

Ces obstacles n'ont pas tardés à s'élever; les bureaux de la guerre, M. l'intendant-général de l'administration, de Perceval, à leur tête, ont suscité toutes les difficultés qu'ils ont pu inventer; M. Delafosse et moi vous en avons rendu compte à chaque pas, Monseigneur, vous nous encouragiez alors, et même vous nous secondiez près de Son Excellence le ministre de la guerre.

Les bureaux de la guerre ont regardé comme honteuse pour eux la seule vérification des comptabilités inculpées. M. de Perceval avait promis à M. Delafosse un religieux secret à l'égard surtout de ses subordonnés, et cependant le surlendemain l'ordonnance était connue de tous les bureaux.

Son Excellence le ministre de la guerre, par l'organe de M. de Perceval, jusqu'au 22 mars, m'a constamment refusé toutes vérifications, et il exigeait aussi des preuves matérielles, autres que les faux bons sortis des bureaux du ministère que Votre Excellence avait exigé de moi. Dans la séance du 22 mars, M. de Perceval y soutint qu'aucun de ces faux bons n'avait été admis dans la comptabilité des vivres-viande, attestant avoir fait faire les recherches les plus exactes : ces bons comprenaient environ 61,000 rations de viande.

Dans la séance du 26 mars, la seule où M. Delafosse ait été assisté de vérificateurs de son choix, M. de Perceval confessa cependant qu'il se trouvait environ 4,000 rations liquidées à la charge du gouvernement; enfin dans la séance du 2 avril, en présence de M. le maréchal, duc de Bellune, M. de Perceval ouvrit la séance par la déclaration pénible pour lui, que la totalité de ces 61,000 rations de viande avait été en effet payées par l'état.

Je dois, Monseigneur, revenir sur la séance du 26 mars. L'insistance réitérée de M· Delafosse, pour arriver à faire une vérification des pièces de comptabilité inculpées, avait enfin déterminé M. le maréchal, à en ordonner la communication : les bons élémentaires, les bons, pareils à ceux que M. Delafosse avait produits comme pièces de conviction et de comparaison, étaient indispensables, et cependant M. de Perceval ne fit apporter chez Son excellence, que le compte général du fournisseur, ouvrage de ce dernier, récapitulation sans détail de ses demandes; et M. de Perceval prétendit que M. Delafosse et ses vérificateurs devaient opérer sur cette base qu'il savait être incomplète; car l'homme qui fut long-temps commissaire des guerres et intendant militaire, ne peut ignorer ce qui constitue une comptabilité. Elle repose sur les reçus des parties prenantes.

Vous savez, Monseigneur, que M. Delafosse réclama de nouveau contre cette désobéissance, détournée de M. de Perceval aux ordres de M. le maréchal qui alors ordonna une nouvelle séance pour le 2 avril, avec la promesse formelle de faire rapporter toutes les pièces du service d'un trimestre de 1815; mais M. Perceval ne pardonnait pas la tenacité de M. Delafosse, après avoir proclamé hautement que les fournisseurs attaqués étaient des hommes respectables et d'une réputation à l'abri du moindre soupçon, M. de Perceval eut le courage de menacer M. Delafosse de le faire poursuivre en justice pour avoir soustrait, ou fait soustraire, des bureaux de la guerre, et probablement pour avoir fait connaître aux ministres, ces pièces dont la fausseté matérielle était déjà judiciairement prouvée, ce que je vais établir tout à l'heure.

Dans cette séance du 2 avril M. Delafosse et ses deux vérificateurs trouvèrent dans le salon du ministre de la guerre, tous les dossiers relatifs à la comptabilité des vivres-viande, d'un trimestre de 1815; l'assemblée

se composait de M. le maréchal duc de Bellune, de M. de Perceval et de trois Maîtres
des requêtes; composant la commission for-
mée pour entendre et approfondir les révélations ( MM. de Freville, Maillard et de
Cormenin ), malgré la promesse de laisser
procéder M. Delafosse à la vérification; promesse qui devait, dans la marche ordinaire
d'un examen, faire attendre les déclarations
qui seraient la conséquence de cette vérification, M. de Perceval, comme organe de
M. le maréchal, demanda à M. Delafosse de
préciser et de prouver avant tout les faux;
M. Delafosse était sûr de ce qu'il alléguait,
cette nouvelle ruse ne fut pas même l'objet
d'une observation de sa part, et il signala des
bons prétendus signés par le sieur Cuzin, qui
avait en justice réglée nié en avoir jamais
signé depuis 1814, et qui avait fait constater
par des experts que sa signature apposée sur
des bons correspondans était fausse. Je dois
à M. de Cormenin, la justice de déclarer
qu'il émit à l'instant l'opinion qu'il suffisait
de ce renseignement pour réduire cette affaire à sa plus simple expression, et qu'il fallait se borner à chercher s'il existait dans
cette comptabilité des bons signés Cuzin, et
que leur fausseté, déjà judiciairement re-

connue, et leur maintien dans la comptabilité, quand l'entrepreneur n'en pouvait
ignorer les vices, entraînait de droit le rejet
de la totalité de sa comptabilité, d'après le décret du 25 germinal an XIII.

Cette observation aussi claire que légale a
été consignée sur le procès-verbal du 2 avril;
mais elle n'a eu aucune suite malgré la mul-
tiplicité des faux bons Cuzin, qui s'y sont
trouvé : c'était le révélateur et non les spo-
liateurs des deniers du gouvernement que
M. de Perceval, intendant-général de l'administration de la guerre avait déjà de ter-
miné de livrer à la justice.

La plus grande partie de cette séance du
2 avril fut employée en des discussions; il
était impossible de se livrer à un travail ap-
profondi dans une assemblée aussi nom-
breuse : M. Delafosse insista à demander
une vérification plus complète et surtout plus
libre : M. le maréchal autorisa alors M. Delafosse et ses deux vérificateurs à s'en occu-
per le surlendemain, 4 avril dans le même
local et en présence de deux employés des
bureaux de la guerre, qu'il désigna à cet
effet : M . Delafosse avait bien jugé qu'il était
indispensable de saisir une occasion que la
conduite de M. Perceval lui annonçait ne pas

devoir se renouveler plusieurs fois ; la vérification aurait amené certainement de nouvelles découvertes ; mais le temps manquait, il fallait dès le premier jour convaincre l'autorité , et M. Delafosse s'est alors renfermé dans quelques faits positifs et irrécusables : ils étaient plus que suffisans.

Il est, Monseigneur, une vérité incontestable, c'est que le gouvernement donne à ses soldats autant de rations de viande que de rations de pain ; et il résulte de cette base que les services des fournitures du pain et de la viande , se faisant par deux entrepreneurs séparés, on doit trouver dans chaque comptabilité les bons correspondans signés le même jour par les mêmes parties prenantes ; c'est par le rapprochement des pièces des deux services que le ministère de la guerre les contrôle tous les deux ; mais aussi il résulte de ce principe , que si les pièces d'un service sont reconnues fausses et matériellement fausses, celles pareilles qui se trouvent au même jour et avec les mêmes signatures dans l'autre service, le sont nécessairement aussi. Or, Monseigneur, un procès criminel qui a été jugé par la Cour d'assises de Paris en 1817, relatif à la fabrication de faux bons de pain, e constatés, 1º que par deux procès-verbaux identiques en résultats, sous la date du 13 septembre 1817, et dressés en conséquence de l'ordonnance du juge d'instruction, par deux experts dont l'un était le sieur Saint-Omer, vérificateur des bureaux de la guerre même, a constaté dis-je, que 895 prétendues signatures du sieur Cuzin, commissaire des guerres adjoint, étaient fausses, et ces signatures étaient en outre déniées par le sieur Cuzin même, qui ajoutait qu'il n'avait pas eu de cachet depuis 1814; cependant les bons vérifiés en portent l'empreinte; ce qui fait un double faux.

2° Qu'une signature Meurizet, commissaire des guerres à Soissons, n'avait été imité que, par l'opposition d'une griffe dont les caractères marqués par de l'encre d'impression, avaient été recouvert d'encre à écrire, mais avec une telle maladresse que souvent la moitié de l'impression paraissait encore, tandis que l'écriture se trouvait au-dessus et que les deux traits-paraphés, imprimé et écrit, étaient souvent l'un à côté de l'autre, ce point a été constaté par un procès-verbal de deux autres experts, daté du 10 juin 1817.

3° Que sur d'autres bons, le visa du commissaire des guerres était contre l'usage écrit de la même main que le corps du bon, et

que souvent le corps du visa et la signature
étaient de deux encres différentes

4° Que les noms des parties prenantes,
étaient presque tous imaginaires, et que ce
point avait encore été constaté par des experts.

5° Enfin que les écrivain publics qui
avaient fabriqué à Paris ces bons, portant
souvent la date du même jour, dans plusieurs
ville de province éloignées, avaient re-
connu devant la justice en être les auteurs.

Tous ces faits, Monseigneur, sont consi-
gnés dans l'acte même d'accusation, présenté
par le ministère public, devant la Cour d'assises de Paris dans l'affaire des faux bons
de pain.

Or, il était donc positif que les bons de
pain déclarés faux, ceux de viande correspondans, portant les mêmes signatures et les
mêmes caractères l'étaient également, et
pour employer utilement la seule séance dont
ils fussent certains, MM. Delafosse et ses
vérificateurs, ne s'attachèrent qu'à trouver les
bons de viande correspondant à ceux de
pain incriminés qu'on vient d'indiquer : tous
sans exception s'y trouvèrent, et ils s'y trouvèrent en telle quantité, qu'après avoir fait
mettre à part 29 bons totaux ou bordereaux
avec leurs pièces à l'appui, presque toutes

dans le cas prévu; M. Delafosse et ses deux vérificateurs qui n'avaient encore parcouru que cinq liasses en partie, crurent devoir déférer à l'observation des deux commissaires de M. le maréchal qui reconnurent que l'évidence était complète, et qui demandèrent en conséquence d'arrêter une vérification qui déjà avait produit un résultat bien audelà de l'observation de M. Cormenin, consignée au procès-verbal de vérificalion du 2 avril : procès-verbal signé par Son Excellence le ministre de la guerre.

Il fut en outre mentionné au procès-verbal de la séance de vérification du 4 avril, dressé et signé pou MM. Debin et Puissant, commis à cet effet par M. le maréchal, ainsi que par MM. Delafosse et ses deux vérificateurs, qu'on avait trouvé dans les cinq liasses parcourues, un bien plus grand nombre de bons de viandes portant les mêmes caractères de faux que ceux des 29 bons totaux qu'on avait extrait et mis à part. Avant la clôture du procès-verbal M. Deafosse demanda que la vérification fut continuée le lendemain; MM. les commissaires du ministre de la guerre répondirent qu'ils en référeraient à M. de Perceval; mais comme on l'avait prévu, plus de nouvelles séances de vérifications et M. de Perceval s'est toujours refusé à délivrer une expédition du procès-verbal du 4 avril, il est vrai, Monseigneur, que c'est un acte accablant pour le fournisseur.

Vous vous le rappellerez sans doute, Monseigneur, que les demandes réitérées de M. Delafosse, dont vous-même avez eu la bonté de vous charger près de M. le maréchal pour obtenir de continuer la vérification de ces comptabilités inculpées et l'expédition de ce procès-verbal, furent toutes sans succès.

M. Delafosse a eu l'honneur de vous rendre compte de nouveau de toutes ces circonstances dans sa lettre du 10 avril, où il rappelait à Votre Excellence, l'ordonnance royale du 20 février dernier et lui en demandait l'exécution ; cette lettre qui vous représentait le résultat des vérifications, contenait en outre une demande régulière, d'après le décret du 25 germinal an XII, du rejet total de la comptabilité du fournisseur-général des vivres-viande; M. Delafosse vous remit cette lettre le 11 avril personnelment, mais il avait été adressé du ministère de la guerre à Votre Excellence un rapport qu'on avoit eu soin de qualifier confidentiel, pour que la communication officielle m'en fut refusée ; on y attestait à Votre Excellence que toutes ces révélations étaient imaginaires ; mais comment, Monseigneur, avez vous pu vous se laisser tromper par ce rapport, ayant eu précédemment sous ses yeux les preuves matérielles de toute sa fausseté ? Cependant, Monseigneur, vous avez levé les oppositions qui frappaient sur tous les fournisseurs accusés ; la dame Haurie, quoique Espagnole, n'a pas été renvoyée à partager ce que le traité de paix de 1815 a attribué à son gouvernement, mais au contraire elle est restée pour plusieurs millions à la charge de la France : vous avez fait plus, Monseigneur, vous l'avez fait payer.

Je dois, Monseigneur, vous mettre à même d'apprécier la récompense que mon zèle ainsi que celui de M. Delafosse, ont obtenu de M. de Perceval : la dénonciation dont il avait menacé M. Delafosse a eu lieu ; M. Delafosse a été déféré au nom du ministre de la guerre à M. le procureur-général de Paris, comme ayant soustrait ou fait soustraire des bureaux de la guerre, ces mêmes pièces que vous aviez exigées, Monseigneur, que j'ai remises entre vos mains et que vous avez transmises directement à M. le maréchal, ces mêmes pièces fausses qui, enfin dévaient sauver à l'état un assez bon nombre de millions : un mandat d'amener a été décerné contre M. Delafosse; il a été forcé de chercher un asile, tandis que les fournisseurs inculpés goûtaient le repos et remerciaient peut-être M. de Perceval de sa servile partialité. Le premier moment d'effroi passé, M. Delafosse s'est présenté devant M. le juge d'instruction ; son innocence a été facilement reconnue : cependant depuis trois mois l'instruction n'est pas terminée et M. Delafosse et moi sommes soumis aux conséquences d'une accusation que l'intérêt des fourseurs et de leurs complices est de prolonger pour paralyser nos efforts, pour conserver leurs spoliations et par en surprendre à l'état le complément qu'ils toucheront sans obstacles depuis la levée des oppositions.

J'osais cependant croire, Monseigneur, que tant de preuves matérielles et aussi claires que celles que j'ai fournies, devaient avoir des résultats réels pour les intérêts de l'état et pour le bien du service du Roi : Votre Excellence n'a voulu donner ce titre qu'à une lettre qu'elle m'a imputée et qui m'est absolument étrangères et je passe à ce dernier article de l'allégation de Votre Excellence à la tribune de la Chambre des députés, il me sera aussi facile d'en démontrer toute l'erreur.

M. Delafosse, ni moi, Monseigneur, n'avons jamais écrit aucune lettre aux fournisseurs, ni pour le motif que vous avez allégué à la Chambre, ni pour aucun autre; nous les mettons au défi, nous y mettons également M. de Perceval de représenter une seule lettre de M. Delafosse ou de moi.

Votre Excelleuce a donc, involontairement sans doute, commis une erreur quand elle a attribué à l'auteur de la révélation la lettre à laquelle elle a fait allusion; votre justice, Monseigneur, nous garantit qu'une déclaration positive de Votre Excellence dissipera tout soupçon à cet égard; mais je dois, Monseigneur, vous prouver que cettre lettre n'a même jamais eut le but que les hommes intéressés à surprendre votre religion lui ont prêté.

Cette lettre est de l'un des vérificateurs qui ont assisté M. Delafosse; mais elle est écrite avant qu'il ne fut appelé à concourir à ces vérifications, et même avant qu'il ne fut connu de moi, le signataire de cette lettre dont la profession est de se charger des affaires qu'on lui confie, reçut d'un sieur Chaperon, boucher, à Soissons par les mains d'un tiers fondé de pouvoir, une masse de bons de fournitures de rations de viande, faites dans la place de Soissons par ce sieur Chaperon; ces bons composent l'unique ressource du sieur Chaperon, père de neuf enfans; l'entrepreneur-général des vivres-viande, devait retirer ces bons pour les comprendre dans les bordereaux de sa comptabilité et par conséquent les payer; lorsque le signataire de cette lettre demanda le paiement à l'entrepreneur, celui-ci s'y refusa expressément et l'homme honnête qui avait réellement fait le service d'une place menacée par les troupes étrangères, se trouvait hors d'état de donner un à-compte sur ses dettes qui résultaient de cet acte utile à son pays : j'ai eu l'honneur dernièrement, Monseigneur, de vous proposer de vous soumettre ces bons et même la procuration donnée à cet effet et datée de la fin de 1820 : je suis prête à le faire encore. Appelé par moi M. P., signataire de cette lettre, dut nécessairement prendre connaissance des bons qui allaient servir de bases et de point de comparaison à son travail, la fausse signature Meurizet, celle fabriquée à l'aide d'une griffe, existait sur des bons de viandes prétendus fournis à Soissons.

Il était donc plus clair que le jour que le fournisseur-général, au lieu de retirer et de payer les véritables bons, avait préféré en faire fabriquer de faux à un plus bas prix, M. P. crut devoir à son commettant de ne pas négliger cette circonstance. Il écrivit à l'entrepreneur et lui montra un égard que celui-ci ne méritait certainement pas, car il évita de parler ouvertement des bons faux dont la connaissance, si la lettre venait à s'égarer, pouvait perdre l'entrepreneur général.

Voilà, Monseigneur, dans toute leur simplicité l'origine et les véritables causes de cette lettre que les protecteurs des fournisseurs ont dénaturée, qui est loin d'être honteuse pour M. Delafosse ou pour moi, qui y sommes tout-à-fait étrangers et qui ne l'est pas plus pour celui qui l'a écrite ; elle prouve au contraire sa délicatesse et la turpitude de ceux qui ont ainsi induit en erreur Votre Excellence.

J'ose croire, Monseigneur, vous avoir démontré qu'il n'y a eu dans l'affaire des révélations aucun calcul vil ; que les preuves matérielles que j'ai fournies sont nombreuses et parfaitement claires, et qu'il est encore facile à Votre Excellence d'en tirer de grands et utiles résultats, enfin que la lettre qui m'est, je le repète, absolument étrangère, n'a as eu le but qu'on lui a supposé.

Les journaux, Monseigneur, ont porté par toute la France, l'accusation, sans aucun fondement, que vous avez prononcée à la tribune de la Chambre des députés.

J'attend avec confiance de **votre justice** une réparation proportionnée.

J'ai l'honneur d'être,

Monseigneur,

de Votre Excellence,

la très-humble servante,

Anna de VAUSSENAY,

Paris, ce 22 juillet 1822.

BIBLIOTHEQUE NATIONALE DE FRANCE
3 7502 00973456 9